Por eso está sucediendo este instante,
Por eso está precipitándose.

Por eso llega a mí todo esto
Como una palpitación inesperada,
Una arritmia del acontecer del mundo.

Y por eso su aparecer es sonoro.

Su aparecer es un azote:
Como si la naturaleza se estremeciese
Ante el espanto de sus propios signos oscuros,
De su subconsciente desquiciado.

No dejar al tiempo irse en silencio

Francisco Castellanos

Order this book online at www.trafford.com
or email orders@trafford.com

Most Trafford titles are also available at major online book retailers.

Print information available on the last page.

ISBN: 978-1-4907-7026-0 (sc)
ISBN: 978-1-4907-7028-4 (hc)
ISBN: 978-1-4907-7027-7 (e)

Library of Congress Control Number: 2016902775

Trafford rev. 02/16/2016

Trafford
PUBLISHING® www.trafford.com
North America & international
toll-free: 1 888 232 4444 (USA & Canada)
fax: 812 355 4082

Tú y yo

Trazando un plan

Con muchas historias atrás
Hemos buscado cómo trazar el plan
Que nos llevaría a encontrarnos.
En silencio
Y sin saberlo
Hemos decidido
Que habrá un día en que nuestra vida dejará de ser ajena.
Un día tu vida será la mera necesidad
De mi existencia.
Llegará el momento en el que yo
Diga tu nombre al aire,
Y tú,
A mi lado,
Respondas.

Y vamos lentamente definiendo un camino,
La gran tarea de averiguar
Dónde está el lugar
En el que nos hemos citado.

De algún modo secreto
Algo nos comunica.
O tal vez no.
Quizá lo único que tenemos
Es nuestro deseo,
Nuestra ilusión.
Dependemos entonces
De nuestra determinación,
De nuestro desafío a la fatalidad,
Y de que así,
A fuerza de apostar,
Nuestro encuentro un día gane.

La ilusión de que nos veremos

Qué ilusión,
Saber que un día te veré,
Que en la distracción de lo que se repite
Entrará tu presencia.
Serás la súbita aparición:
La destrucción:
Todo dejará de ser,
Estarás tú y yo y la nada.
Sentiremos cómo las cosas
Nacen de nuevo,
Cómo se levantan como un mundo
Pleno de nuestros ojos por fin mirándose.

Qué gran deseo,
Qué entusiasmo,
Saber que los días se recorren trémulamente,
Y nosotros por ahí andamos,
Sin saber el uno del otro,
Pero que en ese fragor
Nosotros vamos como queriéndonos,
Como haciendo crecer esa alegría que será
Cuando en un día,
A esa hora en que la luz se está perdiendo en la noche,
Tú y yo nos sentemos juntos,
Y viendo a la luz diluirse en un rojo
Que será después aire oscuro,
En silencio juntemos nuestras manos.

Nos encontramos

Nos encontramos cuando ya casi nos habíamos rendido.
Nos han pasado tantas cosas,
Nos hemos deseado tanto,
Fue tan dura la existencia sin estar
Uno junto al otro,
Que parece imposible que esto
Haya sucedido.

Nos encontramos.
Hubo un momento, un segundo en el tiempo,
En el que por accidente,
Por error,
(A veces, qué maravilla del mundo es el error)
Volteamos,
Nuestro rostro giró...
Y ahí estábamos,
Ahí estaban nuestros ojos mirándose,
Viendo lo que de manera oscura
Habíamos buscado.

Hemos querido vernos,
Y eso es una petición ciega.
¡Cómo osamos pedir que el amor se realice!
Cómo podemos esperar que el mundo,
Nuestro mundo,
Nazca.

Porque lo cierto es que eso
No está destinado a ser.
El tiempo no se ha enterado
De ese anhelo
Que es nuestra vida.

Pero lo deseamos.
Absurdamente.

Y entonces algo sucede.
En el juego del absurdo
Que el azar juega
Se produce una grieta,
Y por ahí dos vidas,
Dos como tú y como yo,
Dos que son tú y yo,
Se ven.

El sitio

Fue en las ciudades
Con tanto tiempo amontonado,
Empapadas de recuerdos macerando paredes y ventanas
Para que lo visible sea un poco imperfecto,
Un poco nosotros y nuestro transcurso.
En esas ciudades que no pueden resistirse a hablarnos,
A dejarnos pequeñas notas
De quienes compartieron con nosotros el mismo sitio,
Pero que la debilidad del tiempo no permitió que nos viéramos
Y nos sentáramos a dar y recibir nuestro testimonio.
En ciudades un poco rotas,
Un poco desvencijadas por toda
Esa caminata sobre ellas,
Lugares desorientados
Por una trashumancia que se pierde
En un punto anterior a la memoria,
Anterior a lo que imprimió nuestra consciencia.
En lugares así con tanto detrás,
Encontrarnos tú y yo
Tiene que ser una confirmación.

Recreamos algo ordinario:
Yo estoy en una calle esperando un tranvía,
O en un parque sentado perdiendo mi tiempo
Frente a un sol que se acaba,
Y un segundo después pasas frente a mí
Llevando en bolsas simétricas
Los ingredientes que serán en la noche
Los alimentos que se comparten
Mientras nos contamos cuentos junto al fuego,
Que hoy día será una casa, un cuarto pequeño:
Cualquier cosa que cree un espacio
Que nos reúna y nos proteja de la intemperie.
Te veo pasar
Y tú miras y yo miro,
Y ya está:
El propósito humano queda cumplido.

Posibilidad

Como si fuese una duda,
Un pensamiento queriendo nacer,
Así tú y yo,
Dos desconocidos
En todos los días que nos han hecho,
Excepto éste,
Estamos queriendo entrelazar una oportunidad,
La forma de empezar una historia,
Que sea
Decir mi nombre
Y que tú me digas el tuyo,
Y que con palabras
Y acercamientos,
Lo instantáneo en nosotros,
Pinceladas de lo que buscamos,
Y que sólo ahora podríamos atrevemos
A pronunciar,
Vayamos dando con esta posibilidad...
Que ya está condenada,
Pero que no abandonamos,
Que tenemos la obligación
De no abandonar.
Tú y yo,
Sólo eso,
Sólo eso tenemos en este momento.
Tú allí, yo aquí,
Buscándonos con miradas indecisas,
Que no se atreven a confesarse;
Queriéndose revelar,
Pero resistiéndose un poco.

Pero he ahí nuestra oportunidad.

Podemos atrevernos a decir algo,
A empezar con una palabra,
Y decidirnos a que lo nuestro sucederá,
Que será uno de esos breves espacios
En los que ha sido posible
Sentir el tiempo
Como el lugar donde pudimos construir
Nuestra breve casa.

Destello

Lo instantáneo.
El relámpago de unos ojos.
Las primeras palabras.
El balbuceo.
Porque cómo dar con la
Palabra precisa,
El gesto exacto
Para mostrarnos abiertamente.
Sólo está la instantánea intensidad.
Y la torpeza como
Urgentemente queremos dejarla mostrar:
El espacio del sentimiento,
Del sentimiento emergiendo
En una invasión que nos va ocupando
Y que nos deja atrás.
Yo, tú,
Y las formas absurdas
De decirnos cosas,
Rodeos que hacemos
En el intento imposible
De decir:
Mira, yo estoy aquí
En mi forma simple,
Y estoy aquí viéndote,
Sintiendo una oscura alegría
Como llegándome desde lejos,
Desde lo que dentro de mí
Buscaba su oportunidad
De amanecer.

Este latido

Ah, nuestro corazón.
Qué tanto queremos abandonarnos al amor.
Qué tanto queremos desarmarnos.
Poder,
Así nada más,
Sonreír
Y desenmascararnos.
Poder abrir nuestros ojos
Y dejar a nuestra alma delatarse.
Tener la libertad de permitirnos
Ser débiles.
Tener la valentía de ofrecer
El rincón donde tiritamos.
Saber aceptar
Nuestra inutilidad cósmica;
No negar que yendo
Hacia atrás dentro de nosotros
Lo que hay
Es el llanto inerme.
No ahogar lo que esencialmente
Es una petición:
De ayuda,
De compañía.

Sé

Sé para mí
Lo que yo he venido intentando desde hace mucho.
O sea,
Sé en tu propio ir y venir,
En tu singular manera
De dar cuerpo a tu tiempo,
En tu instantánea comunicación
Con la forma como la realidad
Decidió embestirte;
Sé eso y
Conviértete así en la manifestación,
En el signo que me faltaba
Para lograr averiguarme,
Para saber de dónde viene
Toda la pulsación irreductible
Con la que salgo a la existencia
A recibir el azar de estar aquí.

Hablarte en la noche

Hablarte en la noche
Cuando lo que podemos decirnos
Son cosas mínimas,
Ya desvestidos de los nombres de la supervivencia,
Sólo con los nombres que nos comprometen,
Los que nos revelan,
Los que nos dejan desnudos.
No queda escapatoria para la verdad
Cuando sólo queda
Lo que no puede sino mostrarnos enteros:
La verdad es el otro nombre
De dos personas abandonadas
Una a la otra.
Hablarte cuando no puedo verte,
Sólo sintiendo el calor que me comunica
Con tu cuerpo,
Y tu aliento con el que
Empiezas a musitar mi nombre.
Hablarte en la noche,
Ya olvidado de todo,
Despojado de todo,
Buscando averiguar
Cómo poder hacer que sepas
Este temblor,
Esto estremeciéndose,
Como un movimiento que me ata
Al tiempo de hoy,
Al tiempo en el que estoy contigo.

Tentativa

Si pactamos
Mantenernos en silencio,
Y nos aventuramos
A dejar que sólo
Nuestros dedos,
Nuestro contacto repentino,
Sean la única posibilidad
De aprendernos.
Sólo con los errores,
Con los accidentes en el recorrido
Que nuestras manos hacen
Buscando nuestra definición material,
Ese símbolo terrestre de nuestra oscura palpitación:
Sólo siguiendo una desconocida pronunciación,
Sólo así podremos saber.

Averiguándonos

Sobre la idea de
Estar cerca,
De permitirnos
Movimientos en silencio
Que queden escritos por el tacto,
Que sean dichos por la obra
Del calor o la respiración que nos intercambiamos.
Queda algo a la deriva
Y tenemos que apresarlo
Con intenciones hechas de lo que somos:
Arena, aire, algo de lluvia.
Cerca,
Al lado,
Junto a ti,
A quien he vislumbrado
En un día como hoy
Que puede ser de nubes y viento
O de una luz que nos ensordece;
Frente a ti
Hay una oportunidad.
La auténtica pregunta surge
Cuando sólo hay dos
Buscándose con lo más simple,
Con lo que en los momentos de exigencia
Tenemos cerca y nos es más nuestro:
El tacto, la mirada.
Cuando se está solamente dos
Se da la más profunda obligación
De mostrarnos,
De enseñar nuestras cartas.

Más aún que estando solos ante el espejo,
Es cuando tenemos dos ojos que nos interrogan
Cuando tenemos que enfrentarnos a lo que somos.

Aquí me tienes

Aquí me tienes a veces
No queriendo sino seguir a tientas
El curso de tu piel.

Aquí me tienes a veces
Queriendo averiguar tu cuerpo,
Recorrerlo con mis dedos,
Completarlo con mis manos,
Aprender esa comunicación de mis labios
En tus senos,
Esa continuación de tu cintura en mis brazos.
A veces quiero aprender de ti
Por el sabor que llega a mis labios
Cuando buscan caminos en tu espalda o en tus piernas.

A veces sólo quiero una profundidad silenciosa,
Esa certeza elemental
Que me llega desde dentro
De ti,
Desde lo oscuro
De tu cuerpo,
Donde sólo sé de ti
Porque me rodeas,
Porque lo único que existe es
La presión y el olor
De tu totalidad.

Amarte

Te amo tan desordenadamente.
Te amo.
Quiero decirlo.
Quiero que mi amor por ti
Sea un hecho definitivo en la historia del tiempo.

Quiero que esto que tú creaste,
Que estableció un nuevo territorio
Dentro de mí,
Que desenredó silencios en mi cuerpo,
Quiero que eso tan incontrolado,
Que me excede
(Y por eso necesito decir algo,
Y por eso escribo estas palabras)
Sea la afirmación de la eternidad
Que nos ha sido negada.

Me asombra

Me asombra
La debilidad que soy
Cuando te tengo aquí,
A mi lado.
Me asombra
Que después de haber aprendido
A sobrevivir,
Sienta
Que continuar se me complica
Si tú de pronto dejaras de estar.
Me asombra esto que siento:
Amarte.
Y descubrir con esto
Que el entusiasmo
—Que es el que nos empuja a
La aventura de buscar palabras,
Imágenes,
Formas para ser con los otros—
Continúa;
Que seguirá apareciendo
Un desorden
Que se revuelve dentro de mí
Y que quiere
Un signo,
Una imagen para poder entregarse
Como un alimento:
Algo que nos compartimos
Para ayudarnos a sobrevivir,
Y poder descubrir en nosotros
Una misma historia
Que pide ser contada.

Pacto

Quisiera que tú y que yo
Pudiéramos establecer un pacto,
Un principio,
Algo con lo que sepamos que hemos decidido
Darnos una vida
Que sabe de la muerte,
Pero con todo
Decide andar,
Decide perder el tiempo,
El bello tiempo perdido
De atreverse a levantar un mundo,
Que al final se perderá en la noche del tiempo,
Pero que en tanto vivimos,
En tanto lo sostuvimos,
Fue un mundo que logró vencer a la nada.

Nuestro lugar

Ya puedes entrar
En esta casa,
Que ya estaba ahí,
Porque lo único que hice
Fue ponerle algunos adornos,
Algunas flores
En sus terrazas,
Listones para recoger
Su cabello desatado
Por las voces del océano cercano.
Yo sólo quise darle un vestido
Para la noche en que viniéramos.
Para que tú y yo
Pudiéramos
Tener la cama
Y la mesa;
Para que en la noche y su oscuridad
El terror del mundo quedara fuera,
Y nuestras voces en el silencio quedasen
Protegidas.

Cómo llegar a ti

Cuanto quisiera
Sólo ser yo ante ti,
Poderte decir simplemente:
Aquí estoy,
Y no necesitar nada más,
Porque tú conoces mi historia
Y lo mucho que dentro de mí
Vives.
Quisiera esa simplicidad,
Cuando puede haber un silencio largo,
Y sin embargo estar comunicándonos;
Saber que tú me sabes,
Sin necesidad de que te lo explique,
Estando uno frente al otro,
Y dejando a nuestros ojos
Elaborar la plática.

Me encanta eso.
Pero también está el día
De la palabra,
El día en que lo único
Que quiero
Es crear una corriente de frases
Como un movimiento de inundación,
Como un acto de invasión,
A través del cual puedas
Ver mi mundo,
Que es tuyo porque
Tú le diste nacimiento:
Esta alegría de la palabra
Es la emoción de estar contigo.

Están los días en los que quiero
Que me sepas
Sin apenas decirte nada.
Pero están los días
En los quiero crear o descubrir
La realidad a través de ti,
Y dejar que los sonidos,
Las imposibles pronunciaciones
Que voy aventurando
Te desborden
Y se conviertan en una forma de
Deletrearnos.

Lo nuestro

Yo busco que me digas,
Que me hables dentro de una brisa,
Dentro de un espacio en que tu voz
Ya no sea más que gestos
Que desorientados me buscan,
Y que no me llegan como palabras
Sino como signos de tu rostro y tu cuerpo.
Y que al recibirlos
Sepa de una comunicación
Que ya no es de todos
Sino sólo de los dos.

Pero una vez dicho esto,
Algo que puede ser tuyo y mío
Es ya también de ellos,
Los que nos acompañan en este camino.
Porque es lo que puede darse
En medio del silencio,
O cuando el cielo, las olas,
El brusco desenfado del viento,
Cantan.
Cuando algo así puede entregarse,
Eso ya tiene carta humana:
Tú y yo somos dos ocasiones
En que se cumple
El propósito humano,
El extraño anhelo
Que es querer compartir el destino.

Ven

Ven para que te comparta
Estos bienes mínimos
Que yo he elaborado
Con timidez y duda,
Pero en los
Que me he dejado todo...
Ahí puse lo que he podido ser,
Lo que he buscado ser.

Ven a que te regale
Estos
Espasmos que nacieron de esta mi sorpresa
De encontrarme aquí,
Así en un día accidental,
En medio de un latido más,
Ya perdido,
Del gran tiempo y su irrevocable
Resolución de no decir nada.
Y siendo desde entonces
Un inesperado testigo del acontecer estallando...
De pasares y
De gentes que lo único que desearon
Fue encontrar su sitio en este mundo.

Ven a esta tarde,
A esta noche con avisos del tumulto del viento,
Del juego del aire,
Del acontecer oscuro de la naturaleza.

Ven a que sepas
Cómo busqué
Que el azar que soy
Pudiese ser forma.
Cómo fue buscar palabras
Para la emoción,

Para el día en que presencié
Dentro de mí,
Con toda su inminencia,
La pulsación roja
Enviando las posibilidades materiales para la vida;
Cómo supe de esta
Estructura elemental que soy,
Un trozo de materia
Sitiada por la noche del miedo,
Pero también por las arremetidas del sol
Insistiendo en que participemos
De la vasta amplitud de la luz
Y los sonidos:
De la celebración de lo absoluto-fugaz.

Acerca tus oídos
A este rumor que intento,
A estos iniciales balbuceos
Que quizá,
Teniéndote cerca,
Llegarán a ser algo.

Ven a que te cuente
La aventura
Que a veces,
En ocasiones,
Me atreví a ser.

Ven,
Sólo ven.
Quiero ofrecerte
Lo que construí con mis
Estremecimientos.

Tú y el descubrimiento

Es el preciso momento
De declararlo,
De decir que este amor por ti
Me ha llevado a sentir
El verdadero sabor de nuestras palabras humanas.

Esta alegría,
Esta fuerza que anda empujándome desde el fondo,
Porque siempre me acompañas,
Porque siempre te estoy pensando,
Me empuja a caer en la cuenta de la obligación
Que es estar aquí,
Con el viento y el sol
Estrellándose en mi rostro,
Invitándome a presenciar lo descomunal
Que es poder sentir el sabor,
El olor de cualquier hora,
El tacto de la noche.
Este sentimiento por ti
Abre las compuertas de mi estadía,
De mi encuentro con la realidad:
Veo entonces que nuestras palabras
—Nuestras palabras de siglos,
De gente atravesando el tiempo,
Y luego despidiéndose—
Han logrado la manifestación.
Porque no son otra cosa que la respuesta
A nuestro asombro.

Continuidad

Ya puedes creer
Que algo de mí
Está decidido a defender
Lo que edificamos.
Ten la certeza.
Creo haber leído
Por ahí
Que el momento del inicio
—El estallido que
Desató
La materialidad de las minerales,
Y su transcurrir
En la polvareda del tiempo—
No se ha perdido:
Su estela sigue paseándose por el universo,
Así como ese último estertor de la borrasca,
Esa mínima brisa
Que todavía logra arrancar
Algunos murmullos de las extensiones solitarias.
Nuestro fin está ahí,
Nosotros tendremos que desistir.
Pero esto,
Esta hora,
Y lo que anoche nos dijimos,
Lo que nació
Entre tú y yo,
Eso,
A diferencia de nosotros,
Nunca dirá adiós:
Su imagen
Será por siempre
Una pulsación
De la elementalidad
Ínfima
Que hace sus recorridos
En las estepas sordas del cosmos.

Haber

Haberte encontrado
Una cierta noche cualquiera
Para que nos dijéramos cosas
Que nos llevarían al beso;

Haberte visto de nuevo,
Y descubrir que había en nosotros
Esa invitación
A la aventura de amarnos;

Haberte visto vivir lo bello
Como aquello que nos instala
En un mundo más nuestro,
Ese que nace en ti
Cuando cierras los ojos,
Y dejas que te llene entera
Y sea algo vivo en tu cuerpo;

Haberte oído cantar,
Distraída,
Como si nadie más te oyera,
Y presenciar entonces cómo tu voz
Nos devolvía ese sabor
A veces olvidado
De ser felices...

Quiero decir
Que en esta pequeña cosa
Que es mi vida
Algo sucedió:
Tú,
La experiencia de ti,
La dicha de ti.

Eso está conmigo,
Y lo llevaré siempre en mis manos
Caminando alegre por el mundo.

Adentro seguimos

Nunca,
Óyeme,
Nunca dejarás mi corazón,
Continuarás alimentando su empeño por repartir,
En cada pulsación,
Insistencias hacia la vida.
Tú seguirás tu camino de mañana en la arena,
Tú ya tienes tu propio
Destino creciendo
Y del que estaré ausente.
Pero lo que fue
No puede dejar de ser en la memoria.
Estamos condenados a volvernos a ver
En un momento de descuido,
Cuando dejemos
A nuestro sentimiento,
Sin saberlo,
Seguir un curso
Hacia lo clausurado de nuestro recuerdo,
Hacia el territorio que habíamos designado
Para el olvido.
En una pequeña
Distracción nos veremos de nuevo,
Porque ahí,
Dentro de nosotros
Persistimos como un despojo
Que se niega a irse,
Y que es una palpitación sorda
Empujada hacia atrás,
Pero que continúa con su percusión
De fondo,
Con su necesidad de sonido.
Sólo falta entonces
Un error,
Un pequeño giro
Dentro de nosotros

Hacia el lado contrario del hábito,
Y ahí de pronto
Estamos de nuevo
Viéndonos
En las horas
En que fuimos juntos,
Cuando despertábamos
Sacudidos por una mañana
De luz explosiva,
Y en silencio tú y yo
Agradecíamos al destino,
Que es una nada,
Un accidente,
Sí,
Eso lo sabemos,
Pero no importa,
Porque simplemente sentíamos una profunda necesidad de
agradecer
La alegría de despertar al día
Y sentirnos uno junto al otro.

Despedida

Decimos adiós.
Y cerramos los ojos
A lo que el otro será después,
A su posibilidad.

Decir adiós
Es abandonar tanto,
Dejar atrás
La posibilidad de seguir
Siendo testigo
Del hermoso tiempo
Que seguirás construyendo.

Despedirse es inaceptable,
Cualquier adiós es inaceptable.
Por eso nos mentimos
En ese último momento.

Decir adiós
Es decir que ya no compartiremos
Las horas,
El aire callado permitiendo
Toda la libertad del sol,
Junto con las palabras que se dicen
En silencio para celebrarlo.

Pero tal vez al despedirnos,
Al aceptar la despedida,
Hay una negación de la muerte:
Es como permitirnos pensar
Que continuaremos hilando nuestro tiempo,
Y que días después,
Que no tenemos que definir hoy,
Será posible volver a encontrarnos por accidente.

Amor

El amor
—Amar—
Es un golpe de brisa,
Un sacudimiento
En las arboledas.
Un estertor:
Una anticipación del
Último instante de la vida.
Llega,
Desata todas las posibilidades
Anidando en nuestra sustancia,
Y después se va.
Entrega su escalofrío,
La irreprimible alegría
De querer la vida,
Y querer adentrarse en ella
Y descifrarla:
De querer a todo,
De querer a todos,
Y abrazar su existencia.

El mundo parece entonces rendirse
Ante ese asedio:
Entrega su cifra,
El relato que lo une,
Y con esta cartografía
Nace un itinerario
De día de sol,
Con cada habitación de la realidad
Abriendo sus ventanas y sus puertas,
Ofreciendo su manifestación
—Incluso aquello que parecía oscuro
En nuestra alma.

Pero esto sólo pudo ser
Un relámpago.

¿Por qué es
Imposible
Sostener
El acto apenas asido,
La frágil unidad,
El instante
De la construcción transparente?

¿Por qué este aliento,
Elevado
Hasta romper
Las costuras de lo visible
Y adentrarse
En el último descubrimiento,
Y tan sólo sostenido
Por el simple amar a alguien,
Tiene que terminar por exhalar?

Esta estadía

Extranjero

Me lamento a veces
Que mi sensibilidad no alcanza
A ver todo el temblor del tiempo.
Lamento no conseguir saber
Cada cosa queriéndose comunicar conmigo,
Porque a mi corazón no logra llegar toda esa resonancia.

Presentir que una realidad profunda no
Nos llega
Nos hace sentir
Que la vida,
Todo lo que la vida puede ser,
Es en un cierto modo,
En un detalle,
Algo inaceptablemente,
Imperdonablemente ajeno.

Saber que en el mundo
Algo sustancial está ocurriendo
Pero que nos es invisible,
Nos despedaza en lo hondo.
Porque lo único que queremos
Es sentir el tiempo,
Sentir lo que
Afuera reparte estremecimientos
Como entregas de sangre para que
La existencia sea.
Sentir esta derrota,
Enterarnos de que no descubriremos
Todo lo que afuera de nosotros
Alienta,
Es sentir como una sospecha
De que no podremos hablar con nuestro destino.

Un instante se abre

Pero de pronto empieza
Una forma todavía no descubierta.
Entonces encontramos una vía
No visitada,
Una forma de comunicación
—De encuentro—
Que desconocíamos.
Ya está:
Lo que viví,
Lo que lloré,
Lo que quise.
Aquí está la palabra que lo cuenta.
Por fin puedo enunciar
Esta forma de ser dentro de mí.

Ha llegado el día de esta expresión,
El día en que el gesto de las letras
Ha revelado mi transparencia.

En el día de hoy
Lo que digo tiene
El permiso de estar en esta tierra,
Y compartir sus actitudes principales:
El tacto, el color,
Lo que se oye en la hora tranquila del mediodía,
O en el murmullo de los árboles cuando
No los vemos.

Si

Si la imagen perdura
En nuestro pensamiento;
Si no olvidamos la sonrisa
Y unos dedos dejándose apretar por los nuestros
Cuando son un solo acto;
Si la música continúa,
Si las notas no desaparecen
Con sus trazos elaborando gestos
Que incluso nuestra piel
A veces siente;
Si acumulamos
Cada grano,
Cada pieza que lleva la seña de nuestro paso,
Y así aseguramos de que nada quede sepultado,
Nada termine siendo una extraña pregunta
Levantada al aire;
Si en lo último desistimos de
Querer imponernos,
De buscar maneras de silenciar
Las otras voces;
Si eliminamos las posibilidades imposibles
Y nos quedamos con los momentos ciertos,
Con lo que acontece atendiendo a una tranquila llamada,
Con lo que pasa para que
Nos sorprendamos de que
Lo maravilloso, después de todo,
Puede darse;
Si atendemos al tintineo
Con que la luz en ocasiones
Se encomienda a nuestra vista;
Si desatendemos la sintaxis recibida
Y empezamos viendo primero desde atrás;
Si vivimos con insistencia
Pero sin dejar que la suavidad

Quede abandonada;
Si podemos permanecer en silencio
Por un breve espacio
Y dejar a todas las pulsaciones
En lo oscuro
Deletrear nuevas pronunciaciones;
Si hacemos eso,
Entonces algo tal vez...

Quizá...

Me encanta

Me encanta que seamos,
Me encanta que podamos decirnos cosas,
Que yo te hable,
Que tú me hables,
Y que lo que digamos sea un signo
En el tiempo.
Cuando yo te oigo
Algo de ti queda,
Tú permaneces en mí.
Me encanta que tú y que yo y que él y ella
Hayamos querido la vida.
Me encantan las horas,
Me encanta el tiempo,
Porque es ahí dónde nos hemos visto,
Y nos hemos dicho un par de cosas,
En las que hemos descubierto lo que somos;
Hemos descubierto,
Por ejemplo,
Que el amor existe,
Porque el amor es la decisión
De que la existencia de otro
Sea una necesidad universal.
Me encanta lo innecesario,
Me encanta que hayamos creado lo innecesario,
Porque en ese espacio de dejarnos ser,
Algo ocurre,
Algo aparece.

Alguien entrevisto en un café

Aquí estás,
Diminuta,
Desgastada por el alud de la vida
Que se abalanzó sobre ti.
Cuánto te ha pasado,
Cuántas cosas se ensañaron en ti,
Y que yo por siempre ignoraré.
Pero aquí estás,
Sentada,
Y decidida a dejar que las cosas sencillas,
Las pequeñas cosas que tienes a la mano,
Te den una alegría tranquila.
Después de todos estos años sólo queda esto:
Sentarse en un café y
Sonreír en silencio,
Porque la vida sigue pasando,
Y tú puedes todavía estar presente
Y respirarla.

Alarmemos

Alarmemos
A la fatalidad.
Que por un momento dude
Que ganará,
Que vea en nosotros
Una determinación inviolable.
Sabemos que la fatalidad se impondrá,
Pero divirtámonos
Haciéndola sentir insegura,
Imprimiéndole un presentimiento de debilidad.

Eso es la poesía,
Y todo lo bello que hemos construido:
Por un sólo momento
La muerte
Se sintió vencida
Por ese acto de amor.

Conmocionemos el mundo
Con nuestra pelea.
Que se vea sorprendido
Porque no renunciamos
A la continuación de la vida.

Al final todo es inútil.
Pero qué hermoso fue
Hacer temblar al universo
Por un segundo.

Hermoso que la gran posibilidad
Existiera en el momento
En que se escribió o se leyó
El verso.

Que lo que nos va ocurrir al final
Quede en entredicho ahora,
En tanto vemos la violencia
Del mar sobre las rocas
O el viento despeinando los árboles.

Las mínimas victorias.
Eso es todo.
Ese es el espacio de un poema
O de una música
O de una pintura de los
Juegos de Miró.

Sabemos lo que vendrá,
Pero cuando amamos
Algo queda establecido para siempre.
El viento silencioso de la noche
En que terminará toda nuestra historia
No podrá destruir
Las horas de los besos,
El momento de la última intimidad
De dos personas que se sienten
En lo imperceptible de la oscuridad,
Antes del amanecer.

Tengamos la desvergüenza
De faltarle el respeto
A la ley inexorable:
Algo tiene que quebrantarse
Por nuestro amor que no renuncia.

En esta hora

Yo puedo decirte el secreto
Y tú puedes recibirlo como algo natural,
Como algo que dos personas cualquiera
Pueden compartir.
Hablar de lo más grande,
De lo que nos deja con un miedo que nos vence,
Y con el que tenemos que convivir
Mientras buscamos entrar
En el sueño;
Hablar de eso y hacerlo en el mediodía,
En tanto compartimos
Un vino blanco
Que no desmerece de la
Transparencia del aire;
Decirlo en tanto sonreímos
Porque estamos sentados
Con mucho sol,
Y mucha alegría,
Y mucha evidencia de estar vivos,
Tal que decir la pura verdad,
La verdad irremisible,
No duele:
Podemos declararla,
Podemos decir que al final seremos nada,
Y sin embargo estar felices,
Porque lo decimos casi como si no
Nos tocara,
Porque todavía tenemos mucho
De este vino cristalino
En nuestra copa,
Y sentimos la luz y la brisa
Asentándose en nosotros
Como una sola embriaguez.

La paz natural

No queda más
Que dejar que las aguas
Hagan su labor,
Su invasión
Y su erosión,
Su líquida orden,
Haciendo llegar su mensaje
En cascadas,
O en pequeñas invasiones
Asediando desde el cielo,
O como una corriente nacida en las montañas
Que es furia por imponer su curso
Pero que al final es tranquila paciencia
Cuando presiente su cercana unión con el mar.
Lo natural siempre avanzando,
Sin una duda
O sin un recuerdo dulce
Que lo detenga;
Sin la indecisión que se impone
Por la insistencia de
Los sueños derrotados;
Sin esa pregunta agazapada
Que siempre asalta
En el momento en el que había que dar
El paso;
Sin el miedo a las imágenes que aparecen en la noche,
Figuras que nuestra fragilidad inventa;
Sin el temblor que sobrecoge
Después de descubrir que el amor,
La amistad,
La sonrisa ofrecida como un regalo,
No perdurarán para siempre;
Sin el dolor debilitando
La ya de por sí
Castigada esperanza;
Sin tener la necesidad
De llenar de significados
El vacío.

El tiempo y la historia

¿Qué hay?
Hay el principio del tiempo,
Algo sumergido y oscuro,
Algo que nació siendo olvido.
Pero hay el tiempo nuestro.
Hay la historia.
Lo que construimos.
Lo que imaginamos.
Hay el espacio en el que nació
El deseo de estar:
De permanecer.
Y compartir.
Yo quiero hablar de ese tiempo.
Del tiempo de nuestras frágiles aventuras.

Unidad

Ah, el viento.
El viento meciendo las hojas
Iluminadas por un sol tardío.
Vaya que esto no es una emoción original:
Es una emoción repetida,
Una emoción de siempre.
Pero es que se trata de un sentimiento
Del principio,
Algo que me une con el primer humano,
Con su mismo asombro ante los colores
Y los movimientos
Del sol y del aire.
No es una emoción original:
Es una emoción primigenia,
Originaria.
Que habla de nuestra común existencia,
De esa experiencia siempre repetida
—Y por lo tanto, compartible—
De sentarse una tarde
Y dejar al mundo ser ante nuestros ojos.

Lo que hay en mí

Lo que hay en mí es querer
Sacudir
El silencio inexpugnable
Con el que mi más íntimo
Miedo
Quiere defenderse:
Sacudirlo con desesperación,
Con ganas de suplicarle
Que desista,
Que no extienda su
Territorio solitario,
Su dominio que acumula
Años de polvo
Que no llegan a ser palabra,
Impidiendo el tiempo de los juegos y la memoria.
Arremeter contra lo que
Dentro de mí se queda tiritando
Y no se permite la gran oportunidad de
La muerte,
Que no es sino la vida alzándose
Y dejándose consumir
En ofrecimientos diarios
A los regalos que sobrevienen,
Hasta que en toda su realización
No queda de ella más que
El último reflejo de luz,
Ese sonido de bicicleta descendiendo
En el camino,
Atravesando el silencio del bosque
En un mediodía soleado.

Un modo de decir adiós.

La vida como la ola
Que tiene su plenitud
Cuando se abalanza desde lo alto
Y termina rompiéndose como
Acto final de la existencia,
Como todo lo que está condenado a terminar
Por haberse permitido ser.

Pero hoy no

Pero hoy no,
Hoy no tendrá fin
Nuestro tiempo.
Hoy todavía
Tenemos la razonable certeza
De que nuestra prórroga
Continúa...
Al menos por otro día.
Y en mi frágil constitución
Yo me afirmo,
Yo no dejo escapar
Cada golpeteo
Con el que el mundo y mi ser
Se reúnen.
Hoy todavía
No tendremos
La nada.
Hoy podremos contarnos
Historias,
O dejar a nuestras sensaciones
Seguir con su fidelidad
A lo que adentro nos sucede,
Acumulando cada elemento de tierra,
De nuevo territorio que de nuestra alma descubrimos.

Este día será nuestro también.
Sigamos jugando,
Creando trazos
Con las piezas
Que nos fueron dadas.
Cosas mínimas...
Pero con las que podemos construir
Todo un tiempo.

Caída de la tarde

Como un acto
Primario,
Como una necesidad
Inconsciente,
Como un instinto
De existir
Sin remedio y sin avisos,
De dar cuerpo,
Movimiento,
Al aliento naciendo desde el fondo,
Así en esta hora
El sol
Apura su última embestida.
Se arriesga a multiplicarse con la emoción de los trigales
Hasta cumplir con toda la extensión del aire,
Como si quisiese abrir un gran silencio,
Eliminar cualquier
Otra presencia:
Queriendo que
Por un momento
Sentir la vida sea
Sólo otra forma
De nombrar
La luz
—Su totalidad.

Salir

Sé la necesidad que se sabe
Indigente,
Una gran disposición al acto de recibir:
A ese gran agradecimiento.
Instintivamente acepta
La invitación a salir
Cuando el espacio afuera
Convoca todas las posibilidades
De los límites terrestres
Para llegar anunciándose con
Coreografías en los tendederos.

Sal y ofrécete,
Y hazle compañía
A las oportunidades que el destino
Se consigue,
Que
—Ya ves—
Por su tosquedad
Sólo sabe mostrarlas con
Signos tectónicos.

Todavía residiendo en la tierra

Pero no importa el silencio que vendrá.
En medio de un viento que sopla enmudecido
Nosotros vamos edificando
Lo que tendrá corredores de sentimientos,
Pequeñas terrazas del alma abierta,
Del alma cuando quiere dejarse exponer
A los accidentes,
A los elementos.

Pero también baños
Y otros sitios de irrevocable soledad,
Y por supuesto el sótano
Y los lugares que tememos,
Porque el mundo nunca podrá ser blanco del todo,
Siempre estará lo malo en el recuerdo,
O lo que aún no hemos logrado desterrar de nuestro corazón.

Ah, pero las habitaciones llenas de viento que entra
Mientras mueve cortinas.
Es ése el lugar de la intimidad con alguien.
Ahí podemos hacer el intento de llegar
Al fondo que nos habita.
Ahí ya no hay intemperie,
Ya no hay curso tumultuoso de las horas y los trabajos.
Ahí sólo hay dos personas que buscan quererse.

¿Hay algo más?
Por supuesto.
Están las salas y los salones,
El sitio al que acuden multitudes,
Donde se da la bienvenida a los múltiples rostros que nos rodean.
Ahí es la corriente de historias infinitas
Que en horas indeterminadas
Llegan y desempacan su equipaje.
Las salas como plazas inesperadas
Donde las voces columpian como un

Surgimiento súbito y simultáneo
De borrascas y estallidos de olas,
Gritos en el mediodía del bosque.

Pero no debemos olvidarnos del sistema circulatorio en las paredes,
Donde mejor queda definida nuestra condición.
El agua germinal atravesando las tuberías
Hasta llegar al sitio donde
Limpiarán un cuerpo
O darán una alegría antigua a una garganta.
Pero junto con ello circula
Lo que no queremos para nuestro propósito,
Lo que expulsamos.
Al lado de lo cristalino hay una circulación oscura,
Al lado de nuestro deseo de ofrecernos a nuestros compañeros de
destino,
Persiste un sentimiento oscuro, irreprimible de sólo querer para
Nosotros lo dones de la tierra.

Y el comedor,
El lugar al que llegan
Los materiales de la vida,
Que fueron elaborándose con calor y manos
En la cocina,
Con mucho ruido de instrumentos metálicos y agua,
E hicieron su viaje a la mesa
Para ser compartidos.

En el comedor está el primer día de nuestra historia,
Lo ancestral que nunca muere comparece ahí,
Es la hermandad renovándose,
Confirmando el acto más sagrado en nosotros:
Compartir el pan.

Hay el universo en una casa.
Construyéndola puedo contar el cuento del mundo.

El baile del tiempo

Qué gran absurdo.
Todo ha sido un movimiento
De ida y vuelta,
De juegos ciegos,
De cosas que simplemente
Se movían,
Y que después de todo
Crearon una tarde roja
O una brisa tenue alegrando la sombra.
También el mar del trigo
Elevando sus olas de viento amarillo.
Los árboles de repente
Luciendo nuevas vestimentas en abril.
La llegada de la ola saludando a la arena
Con una risa sonora.
Las mañanas de juegos de luz,
Y de pájaros comunicándonos la alegría que vendrá,
Lo que tendrá la fuerza
De los colores obedeciendo a una ley antigua
De lo feliz.
La noche de un silencio absoluto,
Cuando es posible que dos personas
Que quieren descubrirse con el tacto
Y los besos,
Se murmuren unas cosas
Que serán en el espacio
La pronunciación cristalina del deseo.
El color de la luz débil de octubre,
De un sol que decide ser suave,
Que decide regalarnos la luz
Como una inesperada absolución,
Como lo que se permite ser débil
Para consolarnos.
Las lluvias torrenciales,

Que sólo son la promesa
De los vegetales que pondremos
Sobre la mesa.
El verde eterno y simétrico
De los campos y los bosques,
Perdurando en su voluntad
De ser fieles a la generosidad del agua.
Una mañana que todavía
Duda con iniciarse,
Siendo una oscuridad de aire frío,
Con una luz tímida asomándose al fondo,
Intentando nacer
Pero no sabiendo cómo,
Preguntándose cómo amanecer
Para que el día ilumine las sonrisas;
Es el momento en que todo inicia,
Y va poco a poco
Avanzando en su claridad,
Empezando con la duda
Pero siguiendo con un avance
Que será lo que se muestra como un acto
Que entrega sus dones.
La brisa sorpresiva
En el mediodía del trabajo,
Forzándonos a detenernos
Y abrir un espacio de tiempo
Para recobrar todo el olor
De sal en el aire,
Toda su anunciación de la amplitud abierta,
De tiempo sin servidumbre,
De mar en las calles.
El tiempo detenido del mediodía;
El sol indecible

Y su luz que es visión
Y que es ceguera,
Cuando carga sobre el aire
Como una reverberación
Que impone el reflejo como única realidad;
Entonces es sólo un juego de luces,
De lo que nos envuelve,
De lo que no nos permite ver
De tan claro.
El sentimiento de lo frágil,
De lo que no puede existir por sí solo,
Pero que existe porque estuvimos
Nosotros para cuidarlo y permitir
Que su ser se expandiera;
Nosotros le dimos
El ámbito de lo protegido,
El mundo en que nada puede suceder
Sino la vida.

Sea esto el testimonio,
El tributo al accidente,
A lo que permitió que apareciéramos,
A lo que hizo
Que unos ojos
Pudieran observar a sus semejantes.

Fue posible

Porque al fin y al cabo
Hemos podido decirnos cosas,
Cosas que nos nacieron
Por un golpe de viento
O por la tranquilidad de la luz
En la hora en que el día tiene
Que recoger sus revelaciones,
Y retirarse
Para preparar el asombro
De otra mañana.

Sí, algo de nosotros logramos
Poner sobre la mesa,
Con ingredientes inexactos,
Cosechas
Que recogimos de la tierra
En nuestras excursiones de cada día
Para poder preparar los alimentos,
Plantas que arrancamos con raíces y lodo,
Con su sabor manifestándose
Entre hojas
Y densidad húmeda,
Para traerlas a la casa y permitirnos
Otro día:
Crear la harina y ponerla al fuego,
Y ver luego levantarse el pan a media tarde.

Todo tan mínimo y torpe,
Con impurezas de nacimiento,
Pero con tanto acontecimiento encerrado,
Con tanto testimonio acumulado,
Que algo había que intentar
—Intentar salir y buscar repartirnos
En otros.

Todo con lo poco que teníamos:
Estas manos,
Nuestra voz,
Y la decidida necesidad de contar algo,
Algo íntimo en nosotros,
Solitario,
Pero que pedía ser comunión.

Todo con su fragilidad
Y toda la suerte en contra;
Todo con su predisposición
De olvido,
De intento inútil:
Una confabulación
O algo parecido
Para que todo
Irremisiblemente
Termine en polvo.

Pero ahí estaba el entusiasmo
De poder poner en las manos de algún compañero
Lo que creció en nosotros
Sin otro propósito
Que el de ser el testimonio
De nuestro estar aquí.

Parecía todo tan imposible,
Parecía que nuestra soledad
Era inexpugnable.
Pero en nuestras constantes arremetidas,
Esa resistencia cedió en algo;
En un punto
El ímpetu que adentro vivía
Fue también algo

Aconteciendo
En alguien más
En el momento
En que presenció nuestra palabra
O nuestra pincelada.
¿Un semejante?
¡Por supuesto!
Cómo no,
Si en él pudo repetirse
Lo que sentíamos.

Ahí estaba

De que siempre lo quisimos,
Eso es tan evidente.
Sólo teníamos que encontrar su palabra.
Sólo teníamos que saber de su
Voz,
De su sugerencia aleteando
En las inmediaciones de nuestro aliento.

De que ya oíamos
Desde el principio
Su golpeteo al fondo del pasillo,
Su intento de forzar la puerta,
Eso es tan claro
Como sólo lo inmediato puede ser,
Como eso que se sabe
Porque su comunicación
Es una temperatura
Y una aproximación sonora:
El tacto en la piel.

Es que era todo una
Música de fondo,
El horizonte evidente
Avisándonos,
Siempre queriendo
Que pusiéramos la mano
Para sentir la humedad
Que precede a toda enunciación.

De que era una llamada,
Una convocación diaria,
Con la misma resonancia de las
Campanadas de media tarde
O el cántico del muecín,
De lo que se pierde en la memoria
Por ser su insistencia constante...
Eso es tan cierto
Porque todavía permanece en nosotros
La estela de su percusión,
Con sus leves escalofríos
Tecleando en nosotros,
Dejando siempre su posibilidad
Abierta.

Palabras

Estando desprotegido,
Busco
Arañar algunos sonidos,
Dejar algunas impresiones en las paredes.
Estoy como en los años primeros,
Como ese primer humano
Que sintió la impresión del mundo
Como una invitación a las imágenes,
A la música,
O quizá a algo nuevo,
Algo que fuera el nuevo pan que
Se comparte con los semejantes:
Sonidos,
Sí,
Pero en una nueva elaboración,
Que pudieran
Hacer entrega de
Todo el propósito,
Y de toda la invasión de
Sentimientos y rostros,
Que es esa vida que adentro nos ha surgido.

Ser oscuramente

Por un instante
Tener la resolución de lo natural,
La ciega determinación de existir,
De prorrumpirme por mi simple
Necesidad de sentirme,
De manifestar mi materialidad.
Lo que hasta este momento
He acumulado,
Lo que se fue hilando
Por accidente o voluntad,
Dejarlo salir sin elaboración,
En la justa manera
Como se asentó dentro de mí.
Todas las sedimentaciones,
Desde los primeros días,
Cuando abrí lo ojos,
Cuando me enteré de que yo,
Sí yo,
Podía ver,
Podía sentirme ver;
Todo lo que fue sobreviniéndome,
Sin que yo fuese
Necesariamente
Su destinatario...
Todo esto
Que he buscado
Articular
En un relato,
Una historia,
En pequeños trazos de sentido...
Todo esto dejarlo salir,
Manifestarse en la forma
Confusa como habitaba en mi cuerpo.

Vacío

Quiero que llueva
O que haya un sacudimiento.
Es necesario sentir el abismo
Que nos acompaña sólo a dos pasos:
El gran espacio vacío
Que nos sigue.
Quiero la impertinencia de la realidad,
Porque en ese desconcierto
Tengo el recordatorio permanente,
La respiración del gran silencio
Sobre mi nuca.
Tengo que sentir eso como un compañero fiel.
Soy libre entonces,
Ya puedo andar desparpajado
Porque a mi lado me acompaña
Lo que va siendo en mí,
Y que me permite saber a todas horas
Que todo esto es un regalo.

Un resto

Hay un poco más.
Pero es que todo lo que importa
Es ese poco más que le robamos al tiempo.
El poco más que salpicamos
Con nuestra búsqueda desatinada.
Todo está hecho
Y construido por la inocente acumulación del tiempo.
Pero está el esfuerzo
De rescatar lo que fue olvidado,
El silencio que no pudo tener su voz.
Está el instante en que una palabra,
Una simple y sencilla pronunciación,
Pudo rescatar un espacio real,
Un momento que existió
E hizo su entrada
En los íntimos rincones
Donde sentimos
Lo que desde la realidad
Nos propuso un sentido.

El polvo del tiempo

El polvo del tiempo.
Lo que es ya parte del olvido.
Lo que ya no es.
Y sin embargo
No acepta perderse,
Y deja salpicaduras
De arena o sal.
Rastros en el aire.

El polvo del tiempo:
El sabor de la memoria
En cada ir y venir
De la brisa.

* Theo, te debo tanto. Aquí dejo como testimonio una metáfora tuya.

Manifestación

Qué de profecía se alza
Cuando empujo intentos de significación.
Qué de anticipación
Hay cuando declaro mi deseo.

Cuánto futuro construyo
Sólo por el hecho de quererlo.
Y qué hago aparecer sólo por el hecho
De nombrarlo.
Supongo que esto es lo mágico:
La realidad se hace
Cuando enuncio unas palabras.

Cuando digo mar
De pronto está
El arrastre poderoso del agua azotando
La playa.

Decir cualquier cosa
Y sentir el sonido de su acontecer.

Eso sucedió en el principio de los nombres:
Decir algo y sentir su aparición
Fueron un mismo acto.

Estar aquí

Existir,
Entrar en esta vida,
Y recibir esto,
Sólo esto:
La posibilidad.
Tener delante
Una arquitectura posible,
Una humanidad
Que tenemos la oportunidad
De construir.

Hemos recibido
Esta oferta,
Sin propósito:

Fue algún grano,
Quizá,
En medio de la noche inicial,
Que,
Mientras la polvareda cósmica
Levantaba su marea,
Sintió un escalofrío...
Y de ese temblor
Nació
El nombre
De la naturaleza.
Sí,
Todo siguió siendo un desorden,
Una ciega corriente,
Un vértigo,
Pero por ese tropiezo
Hubo una desembocadura,
Una frágil paz a la caída de la tarde.
Y nosotros.
Aquí.
Con esta posibilidad.

Este guiño inconsciente,
Esta gran broma
Del tiempo y sus absurdos,
Es la gran invitación colgando sobre el abismo,
Un desafío sin sentido
Para ver si nos atrevemos
A jugar el juego
De andar nuestro destino...
De seguir este derrotero...
Aunque sea para ver qué puede haber,
Para ver qué pasa.

Desencuentro

A veces
Simplemente
No pudo ser.

Dos anhelos que se buscaban
No lograron desenredar el tejido,
Descubrir el hilo que conducía
Al silencio puro:
A la comunicación inmediata
De uno con otro:
A la temperatura directa.

Sucede a veces
Que el descubrimiento no pudo darse.

Hay tanto que pudo ser compartido
Y entregado;
Hay tanto que pudo ser el ofrecimiento
Que nos corrobora,
Pero los juegos indecisos
De nuestros actos,
De nuestras búsquedas aturdidas,
Interrumpieron esa andadura.

Nosotros,
Lo que somos,
Nuestra gran historia,
La emoción que dio paso a nuestra existencia,
Toda esa enormidad que es nuestra vida,
A veces
No encontró el cauce
Para llegar al otro lado,
No pudo regalarse
Como se regala una manzana
En medio de un día
De sol limpio.

Un sonido sordo se interpuso,
Un miedo, tal vez,
Como si las palabras
Hubiesen dejado de ser el gran acto
Con en el que nuestro corazón tembloroso
Logra hacer sus reparticiones fuera de nosotros,
Y logra desembarcar en otro rincón igualmente herido.

Reflexiones en un delta

Este río pudo terminar sin más.
Al término de su curso
Pudo entregarse al mar rendidamente,
A su gran olvido.
Pero no.
Decidió demorarse en meandros
Y ramificaciones interminables,
Como un acto final de resistencia;
Creando en cada nueva senda
Una tregua
Que dilatara el destino último.

Pudo dejarse perder,
Soltar los brazos
Ante la inminencia
De la imposición
Del mar en su indefinible silencio.

Pudo saber que la hora ha llegado,
Y que lo que toca
Es diluirse
Sin más acto
Que el ofrecimiento quieto
Ante lo que ya está envolviendo
Con un aliento denso
Y tibio.

Ah, pero había que aventurarse
En elaboraciones últimas,
En testimonios postreros,
En un intento final
Por dejar una constancia fragmentaria
De lo que se ha sido.

Tenía que buscar una escritura,
Algunos mensajes
Esbozados por su rastro en la arena,
Ya cuando el camino era tenue
Y el sol
Entonaba una nota roja
Y se asociaba con un viento débil
Para ofrecer su compañía.
En ese tramo que no
Tenía por qué ser estertor,
Sino el andar tranquilo
Hacia la suave disipación
—Ahí sintió la necesidad
De elaborar un último trazo,
Una enunciación antes del desvanecimiento,
Un testamento tranquilo,
Pinceladas
Como accidentales,
Pero que dejan la manifestación
De una celebración de despedida.

Ahí, descomunal

No sabes lo que tienes en frente.
Tienes el gran acontecimiento.
El relámpago
De la vida dándose paso sin permiso.
El vasto transcurrir,
Que de tumbo en tumbo,
En su puro accidente,
Incurre en bellezas instantáneas.
Tienes en frente de ti
Mucho más de lo que tenía
La posibilidad de existir.
Porque algo de mundo hemos podido expandir,
Con esta nuestra testarudez
De querer imaginarnos,
Y de buscar así
Construir nuestra vida.

Certezas mínimas

Lo que nos consta
Es el aire
Iniciando su contrabando
Dentro de nosotros,
Adentrándose con ímpetu,
Y una cierta determinación natural,
Para inflamarnos las costillas
Y forzarlas
Hasta que su elemento entre en las arterias,
Y ahí,
Siguiendo una lejana invitación sistólica,
Lanzarse a la entrega oportuna
De golpes
En las últimas celdas de nuestra constitución,
Para arrancar llamaradas mínimas,
Combustiones de vida
Que podrán ser luego
El abrir los ojos por la mañana...
Y volverlos a cerrar un segundo,
Para sentir el calor de la luz
En nuestros párpados,
Como la primera promesa
De todo lo que
Convocará a nuestros
Sentidos
En el día.

De lo que somos
Realmente testigos
Es del calor inmediato,
Y su presión en nosotros
Como la forma más
Auténtica
Con que
La realidad busca intimar
Con nosotros.

Lo demás son conjeturas
O creaciones

Que nos inventamos
Como para ser indulgentes
Con esta realidad,
Y cubrir sus fallos.

Pero ahí están las cosas ciertas.
Ahí está el sonido de las cigarras
Que crean un hueco sordo
En el tiempo,
Mientras se confabulan con la
Brutalidad de un sol
Que de pronto se ensaña,
Mostrándose sin remordimientos,
Abalanzándose entero.

También están los abriles y los octubres
Primerizos,
Llegando con sus aromas inmediatos.

Y las gotas de lluvia
Sobre los techos
De zinc;
Un liviano sacudimiento de brisa
Cerca de nosotros
Provocando un murmullo
En nuestros oídos.

Pero sobre todo
La asfixia,
El vértigo hueco
Cuando sentimos
La presencia
De quien desbarata
Nuestras treguas,
Todos nuestros pactos con el mundo.
Es la indefensión cuando estamos cerca

De quien deseamos
Para los días del silencio
Y de un cuarto en penumbra,
Cuando apenas hay una nota
De un sol
Ya casi ausente;
Ahí donde sólo puede haber una comunicación elemental,
Más acá de los símbolos,
Sólo con lo que nuestra materialidad
Puede entregar.

Y luego,
Días o años después,
En algún momento inevitable,
La punzada de frío,
La indudable penetración de miedo,
Una inminencia de la finalización,
La angustia de presentir
Que después del testamento
De esta transparencia,
Sólo quedará una vacuidad,
Una música tenue
Como de las horas de la siesta.

Interrogando a la realidad

Hablo ininterrumpidamente
Porque tiene que ser así.
Como distraer a la realidad
Para que en un descuido
Muestre su rostro.
Todo se trata
De buscar cómo
Hacer que el mundo
No se piense mundo,
Y entregue inocentemente sus pertenencias,
En pequeñas dosis
De delaciones
Involuntarias.

Este terror

Yo tuve así
Un primer estado,
Unas primeras manos
Que me comunicaban
Con el oscuro subterráneo,
Con ese cuarto que nos aterroriza
Porque sentimos
Que la construcción del mundo ahí está amenazada;
Pero no es sino el sitio donde
Habita
La permanente posibilidad
De la vida o la muerte,
El oscuro lugar confuso
Donde se acumula
Lo que es:
Lo que se precipita
En tanto vivimos,
Y ahí se almacena;
Lo que no tiene nombre todavía
Ni designación ni rumbo:
Sólo ha traspasado nuestra palpitación.
Ahí vive
El poder vivir o morir,
Ahí sólo está
En su posibilidad...

Por eso es el gran peligro,
Porque nos enfrenta a la gran
Pregunta de si podremos,
Algún día,
Descifrarnos.

Adentrarse
En el río oscuro de lo inarticulado en nosotros
—Que es casi todo lo que nos constituye;
Tener la gran figura
Que nos explica...
Pero ahí,
Erigida en su silencio.

Ese es el miedo:

Tenemos todo ante nosotros
Pero sin conseguir
Ver su relato.

Antes de atrevernos a ver

De nuestro entorno
Sólo sabemos
Lo que nuestras respuestas automáticas
Nos conceden,
Lo que está detrás
O por delante:
La institución orgánica,
El aprendizaje que
Pedazos de materia
Adquirieron
En sus innumerables embestidas
Hasta crear nuestra estructura
—Lo que está hecho para una supervivencia
Entre las rocas.
O bien,
La densa textura,
El hilar
Desde que pusimos
A andar la historia,
Hasta crear una sola edificación,
Una sola terraza para ver y sentir
El mundo.
Es un saber de todos,
Una bella historia que nos hemos
Contado juntos.
Una trama que tuvimos que hilar
Para poner una melodía,
Una nota
Con que silenciar el gran vacío.
Pero es un cuento como de cuarto cerrado,
Con su sólo balcón,
Desde donde pudimos descubrir tanto,
Sí,
Pero hubo otro tanto
Del que sólo nos llegaron
Los avisos.

Apuesta

Con todas las promesas
Que creemos que el destino
Nos hizo,
Con la idea de ese pacto inexistente,
Creyendo que el polvo
Que todo será
Siempre guardará un recuerdo,
Un gesto, una sonrisa:
Que continuará queriendo decir algo
En el silencio.
Con todo este convencimiento
De que la vida es ya un hecho irrevocable,
Nos atrevemos a construir
Una casa en nuestro tiempo.

Esto es un juego

Sí, esto es un juego.
Jugamos a encontrarnos un día,
A mirarnos de frente.
Jugamos a sonreír,
Y hablar sinceramente,
Exponernos tal como somos.
Jugamos a entregarnos,
Para así sentir nuestra
Debilidad esencial,
Nuestra imposibilidad de ser
Sin que el otro exista.

Es decir: jugamos a existir,
A ser realmente.

Jugamos a amarnos.
Jugamos a abrir nuestra soledad,
Para que tú y yo entremos,
Y seamos.

Esto es un juego,
Porque sin el juego
¿Qué hay?
—El mundo oscuro afuera
Ni siquiera
Entiende de esto.

Tenemos que inventar este juego,
Para que eso que sentimos pueda
Aparecer
Y andar.

Sí, esto sólo es un juego.
Jugamos a inventar nuestra vida,
A inventar la verdad:
Nuestra decisión de darnos,
De vivirnos.
Jugamos con la vida,
Jugamos con lo que somos,
Para así poder ser,
Para así no dejar de ser.

Jugamos para continuar,
Para que nuestros ojos no dejen de mirarse,
Para que podamos seguir sentados
Uno junto al otro.
Jugamos a que podemos decir que
Sí,
A que queremos edificar nuestro mundo,
A que queremos negar la muerte,
Aunque la muerte inevitablemente llegue.

Esto es un juego,
Porque el juego
Es el pequeño espacio nuestro
Que le hemos arrancado al tiempo.

Sílabas sonoras

Hagamos de esa melodía,
Que es una imagen en la memoria,
Algo que también pueda estar
En esto que escribo.
Que las frases canten,
Que sobrepasen su primera naturaleza
Y puedan tocar la temperatura,
La humedad,
El aroma de la lluvia ligera en los campos,
El tacto silencioso del viento en nuestro rostro.
Que a medida en que las palabras
Se desarrollen
Algo de música pueda estar naciendo,
De música que alza sus ondulaciones desde las letras.

Muy adentro

Entender que todo
Tiene una palabra reservada detrás,
Un pensamiento sin articular,
Una imprecisa sensación,
Algo a lo que se le ha puesto arena,
Tiempo,
La fragilidad de la memoria.
Afuera todo
Aún busca su palabra.
Cómo poder despertar lo que
No se sabe todavía,
Algo que en silencio
Va recibiendo las sedimentaciones
Que van cubriendo el suelo.

Hay algo como relegado
Que no teniendo el mismo ritmo
De los hechos haciéndose y deshaciéndose,
Queda atrás para cumplir el destino
De la espera.

Hay algo muy en lo escondido,
Todavía residiendo
En un último intersticio
Como algo vivo dentro de nosotros.
Ahí existe como una posibilidad,
Aguardando el momento
En que la vida nos interpele,
Cara a cara,
Sin posibilidad de eludirnos,
Sin posibilidad de escondernos en nuestros subterfugios.

Como último recurso ahí está,
Creciendo y alimentándose,
Preparándose para ese momento final
De la llamada,
Cuando la existencia requiera su presencia.

Es un latido encerrado,
Tímido,
Con una voz que no es todavía
Significación.
Es algo que va recibiendo todo:

Que le da la bienvenida a toda la historia.

Como esas habitaciones lejanas
Y olvidadas,
Con sus hilos de luz penetrando
Y revelando un trazo de polvo danzando;
Habitaciones dedicadas a no pertenecer más
Al espacio de la convivencia,
A no ser parte
Del relato de los sitios visitados
Y las compañías consumadas.

Algo acecha para salvarnos,
Esperando la circunstancia
Para levantar todo lo que no era
Sino nosotros mismos,
Pero que había sido dejado de lado.

Inventario

Hagamos inventario de lo que tenemos.
Está esto,
Simplemente esto:
El ahora.
Y todos sus hilos de luz
Y sus revelaciones sorpresivas.
Está este mismo momento
Y nada más:
Las pulsaciones
De lo que está ahí cuando
Abrimos nuestros ojos
O acercamos nuestras manos:
La acometida de los sonidos,
La intervención de precisos actos
Que afuera quieren dejarse saber,
Que quieren ser presencia dentro de nosotros.

Nuestra pertenencia es lo que nos agita
Aquí mismo.
Es la evidencia incuestionable
De sentir a nuestra sangre
Distribuir instantáneas dosis de vida,
En tanto es testigo de los prodigios accidentales
Que afuera prorrumpen en ebullición.

Reconciliación

Después de una vida,
Después de todo
Lo que dimos y robamos,
Está un arrepentimiento
Y un agradecimiento.
Porque por fin nos damos
Cuenta
De que hemos vivido
Un destino humano,
De que hemos seguido
El mismo camino
De todo hombre y toda mujer:
Nuestra existencia
Ha sido
Un sólo territorio común
Con nuestros semejantes.

Casa

Una mesa,
Un cuarto,
Un país con el que queremos inaugurar lo común,
En donde estamos solos,
Como siempre,
Porque esa condena nos es tan nuestra,
Pero dónde se da la oportunidad
De dar y recibir,
De crear lo compartido.

Llegará

Algún día
El sonido podrá anunciarse
Por su simple acto precipitado,
Por su natural resonancia de luz.
Por lo que tiene de peso inevitable,
De insinuación de viento,
De presentimiento de una
Exclamación
Venida del último desistimiento
De la ola.

No puede haber duda:
Nosotros hemos estado aquí.
Este fue el territorio de nuestra
Estadía.
Es que es incuestionable:
El tiempo anduvo por nosotros.
Esto es tan inmediato,
Tan nuestro en su puro suceder.
Dejemos claro
Que hemos podido
Crear pequeñas ondulaciones
En el viento.
Una pulsación insistente
Hizo sus modestas entregas de sangre,
Sus apariciones de vida en todos
Los rincones.
Pero tanta intención tenía que desistir un día.
Porque los minerales no pueden dar cabida a
    tanto anhelo.
Duramos lo injustamente mínimo.
Sólo tuvimos una hora.
Y pudimos hacerla nuestra.

Índice

Printed in the United States
By Bookmasters